# LETTRE

SUR

# L'HISTOIRE D'ITALIE

A

## MONSEIGNEUR LE DUC D'AUMALE

PARIS

IMPRIMERIE DE L. TINTERLIN ET C<sup>e</sup>

Rue Neuve-des-Bons-Enfants, 3.

# LETTRE



SUR

# L'HISTOIRE D'ITALIE

A

## MONSEIGNEUR LE DUC D'AUMALE

PAR

UN ANNEXÉ

PARIS

E. DENTU, LIBRAIRE-EDITEUR,

PALAIS-ROYAL, 13 ET 17, GALERIE D'ORLÉANS

1861

# LETTRE



# L'HISTOIRE D'ITALIE

Monseigneur,

Dans un discours qui fera époque au milieu des annales du Sénat de l'Empire, S. A. I. Mgr le prince Napoléon, conduit par la discussion, a dû parcourir l'histoire contemporaine de son pays; vous avez cru devoir compléter cet enseignement par quelques mots sur l'histoire de France, en invitant, par incidence, Son Altesse Impériale à ouvrir avec vous l'histoire de Savoie.

Parvenu, quoique bien tard, à avoir connaissance de votre brochure, je n'ai pu m'empêcher de concevoir le désir de soumettre à son illustre auteur quelques réflexions sur l'histoire d'Italie, si intimement liée avec l'histoire de Savoie.

Voici les paroles que vous adressez à Son Altesse Impériale :

« Les divisions que vous reprochez aux Bourbons ne
« sont pas, croyez-le bien, leur apanage exclusif; elles ont
« existé chez toutes les familles qui ont régné longtemps.
« Vous vous êtes allié dernièrement à l'une des plus an-
« ciennes et des plus illustres maisons de l'Europe : ouvrez
« son histoire, vous y verrez, il y a deux cents ans, le chef
« de la branche de Savoie-Carignan, celle même qui est au-

« jourd'hui sur le trône, conduisant à plusieurs reprises les
« étrangers dans sa patrie, pour arracher la régence à sa
« belle-sœur.

« Plus récemment encore, le grand-père de votre noble
« et pieuse épouse ne passait pas pour avoir été toujours le
« sujet le plus fidèle du roi Charles-Félix. La maison de Sa-
« voie n'en est pas moins l'une des plus honorées et des
« plus populaires qu'il y ait en Europe. »

Les paroles que je viens de citer font allusion au prince
Thomas de Savoie, chef de la branche de Savoie-Carignan,
et ensuite au roi Charles-Albert, mon ancien souverain.

Passons à l'examen des faits.

Victor-Amédée I<sup>er</sup>, duc de Savoie, en mourant le 7 octo-
bre 1637, laissa deux enfants, François-Hyacinthe, son suc-
cesseur au duché, et Charles-Emmanuel. Sa veuve, la
duchesse Christine de France, fille de Henri IV, connue
dans l'histoire sous le nom de Madame Royale, prit donc
possession de la régence, d'abord au nom de François-Hyacinthe, et ensuite, après la mort de celui-ci, au nom de Charles-Emmanuel II.

Le prince Thomas et le prince Maurice, oncles des deux
petits ducs, prétendirent à la régence, se déclarant pour
l'alliance espagnole, tandis que Madame Royale préférait
l'alliance française. Les princes appelèrent les Espagnols à
leur secours et s'emparèrent de Turin. Madame Royale se
retira à Grenoble, laissant son fils enfermé dans la forteresse
de Montmeillan, et enjoignant au gouverneur de ne rendre
ni la place ni l'enfant à qui que ce soit, pas même s'il en re-
cevait un ordre signé de sa main. Cette noble princesse,
aussi digne fille de Henri IV que digne bru de Charles-Emmanuel I<sup>er</sup>, sauva de cette manière son enfant des mains de
ses oncles, aussi bien que de celles du cardinal du Richelieu,
qu'elle ne redoutait pas moins que que son allié, et qui, en
effet, voulait le lui enlever et l'élever à la cour de France.
Madame Royale rentra bientôt à Turin ; les princes se ré-
concilièrent avec elle et lui laissèrent la régence.

Les faits sont cités par vous, Monseigneur, tels que l'histoire nous les transmet; mais, pour les apprécier à leur juste valeur, il est bon de se livrer à quelques réflexions.

En nous reportant à ces temps-là, nous voyons admis comme principe de haute politique en Italie, l'usage malheureux de contre-balancer une influence étrangère en appelant d'autres étrangers. D'autre part, la politique traditionnelle des ducs de Savoie, indiquée par la nature de leurs possessions enclavées entre des puissances prépondérantes, les engageait à s'allier à l'une d'elles, pour combattre l'influence de celle qu'ils croyaient avoir le plus à appréhender dans le moment. Ces princes, du reste, se montrèrent toujours extrêmement jaloux de leur gloire et de leur indépendance.

L'ambition de la régence ne fut pas le moteur de l'opposition du prince Thomas envers Madame Royale. L'on voit en effet qu'ayant acquis la conviction que cette princesse savait résister, quoique Française de naissance, aux entraînements et aux exigences de Louis XIII et de son ministre, non-seulement les princes lui laissèrent le plein exercice de la régence et de ses droits, mais ils lui accordèrent ensuite un sincère et loyal appui.

L'histoire, en nous transmettant le fait matériel, nous fait connaître le motif des actes du prince Thomas, celui de conserver l'indépendance des États de son neveu, et de les protéger contre les entreprises de Richelieu, lequel motif, je tiens à le constater ici, diffère essentiellement d'*une aveugle ambition qui eût porté ce prince à conspirer pour se substituer à la branche aînée.*

« Plus récemment encore, le grand-père de votre noble et
« pieuse épouse ne passait pas pour avoir été toujours le
« sujet le plus fidèle du roi Charles-Félix. »

Voyons si la succession des faits, aujourd'hui suffisamment discutés et avérés, pourra justifier cette assertion, que je regrette vivement de rencontrer dans votre brochure.

Les affaires d'Italie occupent à si juste titre les penseurs politiques de l'Europe, qu'il n'est pas inopportun de remonter à la source des événements contemporains ; leur appréciation, du reste, n'en ressortira que plus juste et plus impartiale.

Charles-Albert, prince de Savoie-Carignan, qui succéda, en 1830, au roi Charles-Félix, soit pendant sa vie, soit après sa mort, fut souvent et pendant longtemps en butte à la calomnie et à la haine des partis, professant les principes les plus opposés ; je veux dire des partis extrêmes.

Les uns, emportés par la fougue des passions, ont été peu à peu, et pour la plupart, ramenés par la raison et l'évidence ; voilà pour le parti libéral exalté.

Les autres, hommes de la réaction, soldats de l'Autriche et de la Sainte-Alliance, ont été et sont encore ses ennemis irréconciliables. Pour ces derniers, en effet, le prince de Carignan, atteint même légèrement de la gangrène du libéralisme, ne pourra jamais passer pour sujet fidèle du roi Charles-Félix !

Disons quelques mots sur l'Italie et la Maison de Savoie, avant les mouvements de 1821.

Un certain nombre de lecteurs, selon moi, assez superficiellement instruits, puissamment excités par les ennemis de la liberté italienne, s'efforcent, par tous les moyens, d'induire l'opinion publique à attribuer aux effets de l'ambition de la Maison de Savoie, les événements actuels de la Péninsule.

Je suis loin de nier, chez les princes de cette illustre Maison, l'ambition de rechercher la gloire et la puissance de leur dynastie ; mais ce que je puis aussi constater, sans blesser la vérité, c'est que cette ambition, que je qualifierai de noble et honorable, fut toujours dirigée dans l'intérêt des populations, en parfait accord avec elles, et que la protection constante accordée par les princes de Savoie à l'indépendance nationale, eut pour but l'affranchissement de l'étranger, et non un accroissement dynastique.

Plus tard, j'en citerai un exemple ; il suffit à mon but de

noter ici, pour le moment, que la généralité des lecteurs, imbus du principe que je viens de combattre, s'occupe fort peu des droits historiques de la Maison de Savoie sur la Haute-Italie, et encore moins, peut-être, de la déplorable condition faite à l'Italie par les hommes de la Sainte-Alliance et le funeste traité de 1815.

On sait que les ancêtres de la Maison de Savoie descendent de Béranger II, souverain d'Italie privé de ses États par le Germain Hugo. Plusieurs fois, dans la suite des siècles, l'histoire nous montre les princes de cette Maison prêts à rentrer en possession de l'ancien héritage de leurs pères. Quoi de plus naturel, et nous insistons sur ce point essentiel, que de voir les populations italiennes porter leurs regards sur les princes de Savoie, si l'on veut bien mettre en parallèle l'amour que ces princes surent toujours inspirer à leurs peuples, et le régime de terreur et de supplices constamment imposé à l'Italie par ses dominateurs ?

Avant 1815, ce fut l'Autriche et la coalition européenne qui invoquèrent la nationalité italienne. Les proclamations de l'archiduc Jean, en 1809, celles du général Nugent, en 1813, celles de lord Bentinck, en 1814, invitèrent les Italiens à s'unir pour se délivrer du joug de fer de Napoléon, afin de faire valoir leurs droits et de devenir libres.

1815 arrive. La Maison de Savoie rentre dans ses possessions augmentées de Gênes et de quelques enclaves lombardes ; cela, grâce à la France, peu soucieuse de voir l'Autriche à cheval sur les Alpes, et à la Russie qui se laisse guider par un sentiment naturel d'équité.

Le royaume Lombard-Vénitien est créé et annexé à l'Autriche ; il est traité en pays conquis. Cette ambitieuse puissance ne tarde pas à étendre son influence sur toute l'Italie. Les souverains de Modène, de Toscane et de Parme deviennent ses proconsuls. Et, pourtant, le cabinet autrichien n'était pas satisfait ; il fallait encore englober les États sardes dans le réseau de sa puissance.

Deux vieillards sans postérité masculine étaient rentrés en possession du trône de Sardaigne, Victor-Emmanuel I<sup>er</sup>, homme plein d'esprit, de courage et de bonté, et Charles-Félix, duc de Genevois. En eux se terminait la branche aînée de Savoie, maison illustrée par une succession d'hommes éminents et par ses alliances avec les principales maisons souveraines d'Europe ; nous noterons en première ligne la Maison de Bourbon.

Bien entendu qu'en restituant à Victor-Emmanuel ses États de terre-ferme, les souverains alliés avaient exigé de lui la promesse qu'il n'accorderait aucune constitution ni concession de ce genre.

La branche cadette, appelée à leur succession, était représentée par un jeune homme de seize ans, Charles-Albert, prince de Carignan. Élevé en France, pénétré des idées modernes, plein de loyauté et d'honneur, dévoué à sa Maison, accessible aux sentiments généreux, ce jeune prince avait laissé percer à propos de la nationalité italienne et de la domination étrangère, des sentiments qui avaient inspiré à l'Autriche le dessein de le priver de la succession au trône de ses pères.

Le roi Victor-Emmanuel comprenait très-bien les vues de l'Autriche, la détestait cordialement, et le prince de Savoie-Carignan était son favori. Charles-Félix penchait vers l'alliance autrichienne. Tous les deux étaient mariés à deux archiduchesses qui travaillaient pour leur race.

Malgré des abus revenus avec la restauration, et que le temps ne pouvait plus supporter, le gouvernement de ces princes était paternel, ils étaient très-aimés ; on connaissait d'ailleurs leur jalousie pour la gloire et l'indépendance de leurs États.

Ces réflexions nous amènent au mouvement piémontais de 1821. L'histoire va nous montrer sous son véritable aspect le rôle qu'y joua le prince Charles-Albert de Savoie-Carignan.

Pour assigner à ce mouvement son véritable caractère, nous constatons qu'il n'était point dirigé contre la dynastie, très-aimée, comme nous venons de le dire. Le but des conjurés était d'abord de profiter de l'agitation produite dans toute la Péninsule par le mouvement napolitain, pour essayer une tentative militaire sur les possessions autrichiennes, créer au nord de l'Italie et sous le sceptre sympathique de la Maison de Savoie un royaume assez puissant pour combattre l'influence autrichienne et préparer son expulsion totale de la Péninsule. Les membres de cette conjuration étaient loin de penser qu'ils étaient attendus, tombés même dans les filets de l'Autriche, qui avait ses affidés dans leurs rangs, avec mission de pousser aux débordements pour avoir occasion d'intervenir.

En effet, le mouvement, tout militaire dès sa naissance, dégénère bientôt en révolution politique.

On demande une Constitution, le bon Victor-Emmanuel ne voulant manquer ni à la parole donnée à ses alliés ni recourir à des actes de rigueur, abdique en faveur de son frère, libre de tout engagement et plus à même de rétablir le calme. Il fait appeler le prince de Carignan, et, malgré son refus motivé sur son âge et la difficulté des circonstances, le nomme régent en l'absence de son frère, qui voyageait à l'étranger.

Charles-Albert lutte héroïquement, même au péril de sa vie, pour contenir le mouvement; mais la révolution, chaudement excitée par les agents autrichiens dirigés par le baron Binder, ministre d'Autriche à Turin, force ce jeune prince à proclamer la Constitution espagnole, ce qu'il fait toutefois avec la clause formelle : *sauf approbation du roi Charles-Félix.* Il écrit immédiatement à ce prince pour lui rendre compte de la situation et lui demander ses ordres.

Charles-Félix était en ce moment chez le duc de Modène, au milieu d'un entourage tout autrichien hostile au prince de Carignan et représentant sa conduite comme une trahison. Aussi le duc de Modène, qui avait épousé la fille du roi Victor-Emmanuel, crut-il le moment favorable pour essayer de faire passer sur sa tête la couronne de Sardaigne.

Circonvenu par lui, le roi, sans répondre préalablement au régent, lance de Modène même une proclamation aux peuples des États-Sardes, dans laquelle non-seulement il déclare ne vouloir rien reconnaître de ce qui s'était fait à Turin, mais accuse presque de trahison le prince de Carignan, et menace de peines sévères les auteurs des actes d'insurrection.

Le prince autrichien pensait que Charles-Albert, profondément blessé d'une injustice aussi éclatante à son égard, se jetterait dans les bras des révoltés, l'Autriche interviendrait *nécessairement*, etc., etc.

La bonté de son plan était telle, du moins ce prince ambitieux le croyait-il, que sans en attendre le résultat il dénonce tout à coup à Charles-Félix le prince de Carignan comme parent déloyal, carbonaro, usurpateur de ses droits, et lui propose de le déshériter, en donnant sa succession au trône à lui, François, comme gendre de l'ex-roi Victor.

Mais le conspirateur émérite se trompait; le vieux roi sent se révolter l'amour-propre de sa race, l'instinct de conservation de sa dynastie ne lui permet pas même d'envisager de sang-froid l'idée de voir passer sa couronne dans les mains des étrangers. « Non, dit-il, ma couronne appartient à Carignan; je vais lui écrire. » Il adresse en effet au régent une lettre foudroyante dans laquelle il lui ordonne de rassembler sous Novare les troupes restées fidèles, d'en remettre le commandement au général de la Tour, et de venir lui rendre compte de sa conduite. Cette lettre se terminait ainsi: « Je verrai par la promptitude de votre obéissance si vous êtes encore un prince de la maison de Savoie ou si vous avez cessé de l'être. »

Charles-Albert n'hésite pas un instant; il quitte secrètement Turin, où l'émeute l'eût retenu, exécute ponctuellement les ordres de son souverain et va immédiatement se mettre à sa disposition.

Malgré cette déception, ni l'Autriche ni le duc de Modène n'abandonnent la partie.

Le Congrès de Layback était réuni; M. de Metternich, dans un rapport plein d'indignation sur la révolution piémontaise, accuse formellement le prince de Carignan de complicité, le déclare incompatible avec la Sainte-Alliance, et propose d'office, sans même avoir égard à la volonté du roi Charles-Félix, d'abolir la loi salique en Sardaigne et de transporter tous les droits de Charles-Albert au duc de Modène, mari de la fille du roi Victor-Emmanuel.

Dans la délibération, la France s'y opposa; l'empereur François intervint personnellement auprès d'Alexandre de Russie; mais celui-ci, persuadé de l'innocence de Carignan et parfaitement au courant de la trame ourdie par l'Autriche, répondit qu'à moins que la complicité du jeune prince ne lui fût positivement prouvée, il ne se prêterait à aucune combinaison qui lui fût contraire.

Le talent de l'Autriche pour trouver des criminels est connu; avant de la voir tenter une dernière épreuve et subir un dernier échec, disons que le prince de Carignan, abreuvé d'amertume par les provocations des agents autrichiens, va, sur le conseil de Louis XVIII, se réfugier dans les rangs de l'armée française et participer à l'expédition d'Espagne. L'assaut du Trocadéro montre que la valeur héréditaire chez les princes de la maison de Savoie ne lui faisait pas défaut.

Pendant ce temps-là, l'Autriche commence le procès qu'elle a tant d'intérêt à mener à bonne fin.

A la nouvelle du mouvement de Turin, la jeunesse milanaise, excitée au plus haut degré contre l'odieux régime autrichien, avait expédié deux jeunes gens, Gaëtan Castiglia et George Pallavicini (prodictateur à Naples dans les derniers événements), pour demander l'appui du régent. Celui-ci leur explique la situation sous son point de vue réel, leur montre le mouvement militaire piémontais comme sans avenir; les conjure de répéter à leurs amis ce qu'ils viennent d'entendre, et de s'opposer à tout acte inconsidéré qui ne pouvait qu'attirer des calamités sur leur pays et sur eux-mêmes. Il les charge enfin de voir de sa part le comte Confalonieri, chef des unionistes lombards, et de le prier d'employer son influence personnelle pour empêcher tout mouvement, ce qui fut fait.

La tranquillité régnait partout, lorsque tout à coup, en

novembre 1821, une commission extraordinaire vient s'établir à Milan, avec mandat de rechercher quelles relations avaient pu exister entre les insurgés lombards et les insurgés piémontais. Castiglia, Pallavicini, et enfin Confalonieri sont arrêtés. Tous avouent leur haine contre la domination étrangère; mais sur leurs relations avec le Piémont ils restent muets. Condamnés à mort, ils voient leur peine commuée au *carcere duro* à perpétuité.

Jusqu'ici, le nom du prince de Carignan n'est point encore prononcé. L'accusé principal, Confalonieri, dont la position éminente rend le témoignage décisif, est conduit à Vienne, à l'hôtel de la police, et le lendemain un personnage est introduit dans la chambre où il gît chargé de fers. C'est le prince de Metternich, qui lui adresse ces paroles : « Pourquoi voulez-vous vous obstiner à cacher ce que le gouvernement veut savoir?... Pourquoi surtout taire tous les noms, mais tous, de ceux qui partagèrent vos espérances et s'unirent à votre conjuration? Or bien, ce que vous avez tu aux juges, vous pouvez bien me le dire à moi. Les noms de tous ces complices, vous pouvez bien me les confier. Un aveu serait si utile à vous et à vos amis ! »

Or l'habile ministre connaissait à merveille tous les noms ; mais il en était un qui n'avait point encore été prononcé jusque-là, celui du prince de Carignan !

Confalonieri répondit qu'il avait tout dit, et qu'il ne pouvait rien inventer de contraire à la vérité.

Alors le prince s'abaissa jusqu'à une offre qui montrait toute l'importance que l'empereur et son conseil attachaient à la réussite de l'entreprise dirigée contre les droits du prince de Carignan. « Comte Confalonieri, je vois que vous n'avez pas de confiance en moi, si vous désirez que vos paroles ne soient sues que de la personne la plus auguste de l'empire, la personne la plus auguste de l'empire se dérangera pour venir vous trouver ici. »

Le noble prisonnier ayant persisté, fut conduit au Spielberg. L'Autriche abandonna la partie définitivement perdue.

Ainsi l'empereur François d'Autriche n'eût pas reculé

devant un semblable abaissement de sa couronne pour parvenir à ses odieux desseins.

N'est-ce point ici le cas de dire avec vous, Monseigneur, que les vieilles souches royales, impériales même, ne sont pas exemptes des faiblesses les plus ordinaires de l'humanité !

L'illustre historien Gualterio, dans son examen sur le mouvement piémontais de 1821, termine ainsi son appréciation sur le prince de Carignan : « ...... Ainsi donc, comme régent, il n'avait aucun engagement ; les devoirs qui lui incombaient envers la patrie, il était prêt à les remplir religieusement, et c'est ce qu'il fit autant que cela fut en son pouvoir. La marche de cette révolution ne peut laisser aucun doute sur tout ceci chez les hommes que la raison empêche de se laisser égarer. »

Le marquis de la Maisonfort, ministre de France à Florence, l'un des hommes qui connurent le mieux les affaires d'Italie à cette époque, écrivait dans le même sens à son gouvernement, en lui donnant des renseignements sur le mouvement piémontais et le prince de Carignan. Dans sa dépêche du 22 juin, on trouve ces mots significatifs : « Le ministre d'Autriche m'a dit à moi-même, en termes clairs et positifs : « Nous lui enlèverons son droit héréditaire à la couronne. »

M. Charles de la Varenne, publiciste français distingué, dans ses intéressants et judicieux écrits sur l'Italie, où nous avons souvent puisé, soutient la même opinion, appuyée sur des documents incontestables qu'il a été lui-même consulter sur les lieux avec la plus louable persévérance.

La simple exposition des faits, si bien corroborés par le témoignage de l'histoire, suffit pour démontrer surabondamment la fausseté des bruits accrédités, soit par la réaction, soit par les mazziniens à la solde de l'Autriche, sur la fidélité douteuse de Charles-Albert envers le roi Charles-Félix, son souverain.

Il me reste à dire encore quelques mots sur les événements d'Italie, pour arriver à conclure avec vous, que la

Maison de Savoie est, à juste titre, l'une des plus honorées et des plus populaires de l'Europe.

Charles-Albert, prince de Carignan, succéda à Charles-Félix en 1830. Pendant les premières années de son règne, il eut à lutter contre les influences nombreuses et toutes-puissantes que la Sainte-Alliance entretenait jusque dans son conseil même et dans les hautes sphères de l'administration. Sa loyauté, son esprit de justice et de bonté ne permettaient jamais que l'autorité royale fût invoquée en vain pour porter remède aux tendances despotiques de ses conseillers.

Un seul ministre, le digne marquis de Villamarina (père du ministre sarde à Paris), était le confident de ses pensées, et l'aida dans la tâche de réorganiser l'armée et de la préparer à coopérer à la délivrance de la patrie.

Charles-Albert, occupé de la prospérité et du bonheur de ses peuples, attendait avec patience le moment de se débarrasser de l'influence autrichienne. 1847 arrive, une discussion a lieu avec l'Autriche sur un tarif des vins.

Le roi de Sardaigne maintient son droit avec fermeté, publie des réformes, quelque temps après, la constitution, et marche bientôt au secours des Milanais insurgés contre leurs oppresseurs. Seul avec une poignée de sujets fidèles, Charles-Albert n'hésite pas à engager sa couronne ; pendant plusieurs mois, la victoire suit ses drapeaux, il parvient jusque sous Vérone.

C'est ici le lieu de raconter un fait qui montre sous son véritable aspect la politique de la Maison de Savoie en Italie, et dont j'ai déjà indiqué plus haut l'importance. En 1848, Charles-Albert était donc sous Vérone. Le cabinet autrichien voulant traiter, s'adressa à l'Angleterre, et lord Ponsomby, ambassadeur anglais à Vienne, vint communiquer au marquis Ricci, envoyé de Charles-Albert, les propositions qu'on lui avait soumises. Le cabinet autrichien offrait de traiter sur les bases suivantes :

« L'empereur abandonnait complétement au roi de Sardaigne, la Lombardie, avec Peschiera et Mantoue pour forteresses. La Vénétie restait à l'Autriche ; mais pourvue d'un vice-roi réel et d'institutions représentatives. » Des duchés de Parme et de Modène il n'était point parlé, mais ils restaient évidemment au Piémont, enclavés qu'ils se trouvaient dans ses possessions tant anciennes que nouvelles.

L'Angleterre et la France étaient garantes de la complète exécution de ce traité, et leurs envoyés faisaient les plus vives instances pour l'appuyer. Le marquis Ricci ne manqua pas d'en faire valoir tous les avantages, même pour le sort futur de l'Italie.

Charles-Albert lui répondit ainsi : « J'ai compris, lui dit-il, « toutes vos observations ; voici ma réponse : je ne traiterai « jamais avec l'Autriche, que sur les bases de l'évacuation « complète du sol italien. Je défendrai les Vénitiens comme « les Lombards ; nous vaincrons ou nous périrons tous en- « semble. *Je ne veux point que l'on puisse dire que j'ai sacrifié* « *un seul Italien à mon intérêt particulier.* »

Le marquis Ricci ne put rien obtenir de plus. Le roi Victor-Emmanuel a promis, en montant sur le trône, de suivre les maximes de son père. Il ne croira sa mission ter- minée que lorsque l'Italie sera complétement affranchie. Si donc les États de la Maison de Savoie se sont aussi considé- rablement agrandis, c'est le cours naturel des événements qui a produit ce fait ; il ne peut être attribué à la seule am- bition.

En se rendant compte de l'enchaînement et de la marche des choses en Italie, il est facile de juger la politique du gouvernement piémontais sous son véritable point de vue, et de constater, par le moyen d'une étude impartiale et honnête, que le fait seul de la possession de la Vénétie de la part de l'Autriche, et de la résistance à de sages conseils de la part du Souverain-Pontife et du roi de Naples, rendait la confédération impossible et portait l'Italie vers l'idée unitaire.

Quoi qu'il en soit, après le départ du marquis Ricci, l'Au- triche, redevenue forte, prend bientôt sa revanche. Charles- Albert doit céder au nombre à Custoza et à Milan. Un ar- mistice est conclu ; mais quelques mois après la guerre

2

recommence. Livrée par la trahison du général Ramorino, l'armée piémontaise n'en soutient pas moins pendant trois jours le choc des forces prépondérantes de l'Autriche ; elle succombe glorieusement à Novare.

Charles-Albert n'avait pu se faire tuer. Fatigué d'avoir constamment cherché la mort sans pouvoir la trouver et sachant très-bien que sa personne, odieuse au vainqueur, ne pouvait que rendre les conditions de la paix plus onéreuses pour ses peuples, ce magnanime prince abdique en faveur de son fils et va se retirer à Oporto.

La Maison de Savoie n'a aucune fortune particulière. Chez une dynastie consolidée par l'amour des peuples, la bourse et le cœur ont établi le régime de la communauté entre le père et les enfants. Peu soucieux d'amasser de la fortune, les princes de la Maison de Savoie n'ont point de capitaux placés à l'étranger ! ! !

Aussi, c'est dans une modeste petite maison, louée 800 fr. par an, que la députation du Sénat et de la Chambre des Députés va faire signer au roi Charles-Albert son abdication, et lui signifier les sentiments de reconnaissance et d'admiration de son peuple et de l'Italie entière pour son noble sacrifice.

Évidemment, Monseigneur, la mission historique de la Maison de Savoie en Italie touche à sa fin. L'Italie entière le comprend ; elle attend avec une anxiété mêlée de confiance l'issue de cet antagonisme qui depuis cinq siècles tient les deux races de Hapsbourg et de Savoie armées, l'une pour l'asservissement de l'Italie, l'autre pour sa libération et sa constitution nationale.

L'Italie a encore des épreuves à traverser. La tombe encore entr'ouverte de l'illustre homme d'État qui a si bien su préparer ses destinées lui lègue de féconds enseignements.

L'union, la concorde, la fermeté, et surtout la patience, conseillées par le grand citoyen dont elle déplore la perte prématurée, la conduiront sûrement à une complète émancipation, sous l'égide du souverain qu'elle s'est choisi, et avec la bénédiction de Dieu qui, depuis huit siècles, nourrit la force et la foi de la dynastie de Savoie.

Et vous-même, 'Monseigneur, pouvez-vous refuser vos sympathies à la noble et juste cause de l'indépendance italienne, vous qui qualifiez la révolution de Juillet *la plus pure de toutes les révolutions ?* Pouvez-vous les refuser, ces sympathies, à l'auguste chef d'une dynastie qui depuis si longtemps a su mériter la confiance et les vœux de l'Italie ?

L'histoire me répondra pour vous.

En remontant à l'origine de la puissance des princes de la Maison de Savoie, il est difficile de s'empêcher de reconnaître le doigt de la Providence, qui s'est merveilleusement plu à leur accorder progressivement une grandeur bien méritée, car elle est basée sur le premier des mérites : l'amour et la confiance des peuples, seul moyen de consolidation des dynasties.

Jamais il n'a été possible de rencontrer une agrégation aussi peu homogène en tous points, que celle des diverses provinces qui étaient sous le sceptre de la Maison de Savoie, même avant la guerre d'Italie.

Les descendants de Béranger et d'Humbert aux blanches mains, d'abord simples comtes de Maurienne, deviennent ducs de Savoie, traversent les Alpes, font la conquête du Piémont, et poursuivant une longue période d'agrandissement, ceignent une couronne royale qui recule les limites de leur domination jusqu'en Sardaigne.

Disons-le, jamais on n'a rencontré une monarchie composée de nationalités plus variées et plus jalouses de leur conservation et de leurs droits. Ainsi, pendant plus de quarante ans, on a vu le Savoisien, le Niçard, le Sarde, chercher à former un contre-poids au gouvernement centralisateur de Turin, qui pouvait à peine tenir tête lui-même aux prétentions dominatrices de Gênes-la-Superbe, et cependant la Maison de Savoie a maintenu heureusement sous sa paternelle domination, des provinces séparées par la nature, par leurs langues, par leurs mœurs, rivales par leurs intérêts.

Suivez à travers les âges la marche de cette Maison, prenant pied peu à peu dans la Péninsule, arrachant à chaque étape un morceau à l'étranger, possédant par deux fois Milan au dernier siècle, ayant posé avant-hier sur sa tête la couronne d'Italie !

Pourquoi les princes de la Maison de Savoie se sont-ils agrandis et illustrés? Parce que leur constant accord avec leurs peuples, naturellement guerriers du reste, leur permettait de faire rechercher leur alliance par les grandes puissances; parce que dans toutes les circonstances, le dévouement et l'appui de leurs populations ne leur manquèrent jamais. Ils furent les pères de leurs sujets, et ceux-ci furent, en récompense, des sujets fidèles et dévoués. Rien donc de plus naturel que de voir les Italiens, épuisés et torturés par leurs dominateurs, tourner leurs yeux vers cette auguste Maison de Savoie qui ne produisit jamais un mauvais prince ; où ils voient un duc de Savoie briser le collier de l'Annonciade pour en distribuer les morceaux aux malheureux ; un Charles-Albert exposer ses jours à Gênes, au milieu du choléra, et perdre sa couronne et la vie à Novare pour délivrer l'Italie de ses oppresseurs ; un Victor-Emmanuel enfin, qui maintient loyalement les institutions libérales octroyées par son père ; qui, après avoir glorieusement exposé sa vie sur les champs de bataille de l'indépendance italienne, accorde une noble hospitalité à tous les citoyens qui fuient les gibets et les proscriptions; qui, à l'imitation de son magnanime père, accourt à Gênes encourager la population affligée de nouveau du choléra, et cherche à Palestro et à Solférino, à éloigner de l'Italie le plus dangereux comme le plus persistant des choléras et des typhus, la domination de l'étranger!

Peut-on douter de l'influence de la Maison de Savoie sur ses peuples, et même sur les populations italiennes?

Charles-Albert fut-il forcé de donner des réformes?

Victor-Emmanuel fut-il forcé de les maintenir?

Ne lui donna-t-on pas un instant des prétextes pour manquer à sa parole?

La proclamation de Montcalier vient faire connaître les

intentions formelles du loyal souverain : maintenir la constitution, poursuivre l'idée italienne, sans laisser fausser la
route par les partis extrêmes. L'initiative royale trouve dans
le comte de Cavour un habile conseiller, et dès lors le nouveau royaume constitutionnel brise tous les obstacles du
dedans et du dehors, la confiance renaît avec la force, le
progrès se consolide par la concorde et l'union. La guerre
de 1859 éclate, les populations des Romagnes, de la Toscane, de Parme, de Modène, se trouvent pendant plusieurs
mois livrées à elles-mêmes ; point de désordres, tranquillité
jusqu'au moment où, après deux votations consécutives,
il leur est permis de s'unir à leurs frères, sous le sceptre
désiré de la Maison de Savoie.

Les circonstances politiques demandent la séparation de
deux provinces et leur union à la France. Chez l'une d'elles
surtout, la Savoie, les intérêts économiques, les usages, la
langue, les mœurs, les glorieux souvenirs de l'Empire, tout
indique une votation conforme au traité conclu par les deux
souverains.

Que reste-t-il au fond de l'urne électorale ? un élan de
sympathique regret et d'amour pour la glorieuse dynastie,
toujours vénérée, pour l'auguste Maison de Savoie. Écoutons
un orateur de l'opposition parlementaire ; je dis parlementaire, car point d'opposition dynastique en Italie ; écoutons
le député Brofferio, lors de la proclamation du royaume
d'Italie : « Réjouissons-nous, Messieurs, que le royaume
d'Italie ait été réservé à un roi galant homme, ainsi la plus
belle des couronnes sera le digne prix de la plus belle des
vertus..... »

Ces paroles, prononcées aux applaudissements unanimes
de la Chambre des représentants du peuple italien, me viennent à la mémoire pour terminer mes observations sur l'I-
talie et la Maison de Savoie ; elles ne sauraient me donner
d'une manière plus éclatante le droit de répéter avec vous,
Monseigneur : la Maison de Savoie est l'une des plus honorées et des plus plus populaires qui existent en Europe.

Ma tâche serait terminée. Toutefois, si j'ai cru devoir vous signaler les droits que la Maison de Savoie conserve toujours sur le cœur de ses anciens sujets, je crois devoir céder au désir de vous avouer que les votes d'annexion ont été motivés par la prospérité et la grandeur que la France doit, sans contredit, à la dynastie impériale ; je ferai, le plus brièvement possible, quelques réflexions sur divers passages de votre brochure.

Et d'abord, sans m'occuper de la biographie de S. A. I. Monseigneur le prince Napoléon ; il est devenu général de division, sénateur, grand-croix, etc., parce qu'il est prince impérial, rien de plus naturel.

Mais, comment justifie-t-il la position où sa naissance l'a placé ? voilà l'important.

Comme militaire, il a rempli à la satisfaction de l'Empereur les missions qui lui ont été confiées. Comme sénateur, son magnifique discours nous le montre grand orateur, politique érudit, logique, entraînant. Il nous offre, pour la première fois, le spectacle d'un prince du sang, proclamant librement et avec énergie, son dévouement aux principes de 89, ses tendances progressives et libérales, son désir de voir le drapeau de la France se montrer partout pour soutenir la cause de la justice et de la liberté ; sa ferme volonté d'appuyer de son talent, de sa fidélité et de son dévouement, le chef d'une dynastie qui assure à son pays la place que sa grandeur doit lui faire occuper à la tête des grandes nations. Comme prince, nous le voyons consacrer ses talents et ses études au développement de la prospérité industrielle, morale et matérielle de la France. Ces considérations seules ne suffisent-elles pas pour concilier au prince Napoléon les sympathies de ceux mêmes qui n'admettent pas entièrement les dernières conséquences de ses principes ?

Vous semblez blâmer M. le prince Napoléon d'avoir tenu une conduite réservée au 2 décembre.

Vous a-t-il demandé compte de la conduite du roi Louis-Philippe, au moment de la révolution de juillet ? s'est-il inquiété de savoir pourquoi et comment ce prince, au lieu de suivre à Cherbourg le chef de sa race, a cru convenable de rester dans le voisinage de la capitale, afin de ne pas répondre par un alibi, aux députés qui venaient lui offrir la couronne au nom du peuple français, dont le vote ou la procuration *ad hoc* sont encore dans l'encrier ?

C'était inutile, puisque, dites-vous, S. A. I. sait fort bien que S. M. Louis-Philippe n'a jamais conspiré ?

Soit, je désire de tout mon cœur que M. le prince Napoléon gagne cette cause au tribunal de l'opinion publique.

Une chose m'étonne, Monseigneur, c'est le parallèle que vous semblez vouloir instituer entre le prince Napoléon et le duc d'Orléans, votre grand-père.

La montagne ensanglantée de la Convention n'a rien de commun avec la gauche de l'Assemblée nationale de 1848, qui n'a d'autre mérite que celui d'avoir fourni à l'histoire moderne la représentation de la tour de Babel.

C'est de la gauche de cette assemblée, dites-vous, que le prince Napoléon est descendu pour entrer dans la somptueuse demeure où le duc d'Orléans était né. Rien de plus juste, ce me semble : les destinées de ces deux princes sont différentes, comme l'ont été leurs actes.

Avant de produire un semblable parallèle, si vous eussiez consulté l'ombre d'Henri IV, votre illustre aïeul, il vous eût répondu dans son franc et énergique langage : « Ventre-« saint-gris, silence dans les rangs ! notre petite cousine de « Savoie ne fera jamais chanter assez de messes pour sancti-« fier le lieu de naissance du duc d'Orléans !! »

J'arrive à la politique et aux actes de la dynastie d'Orléans; politique dont, malgré votre brochure, je ne saurais faire remonter la responsabilité jusqu'à vous et à vos illustres frères.

Je conviendrai tout d'abord comme vous de la bonté du régime constitutionnel ; mais, pour que ce régime puisse s'implanter avec fruit en Europe, il faut essentiellement que la dynastie confonde ses intérêts et ses aspirations avec celles des peuples, comme la Maison de Savoie, par exemple.

Il faut que ce régime soit dégagé du parlementarisme, des luttes de portefeuille, que, basé principalement sur le suffrage universel, il ne puisse offrir le spectacle d'une coterie dirigeante, appuyée sur les suffrages complaisants des députés ventrus, absorbant dans une politique à l'eau de mauve, les aspirations, les forces et la dignité nationales.

En fait de politique, je voudrais pouvoir remercier le gouvernement de Juillet d'avoir employé l'*immense influence* dont il devait nécessairement jouir en Europe, pour l'adoucissement des maux des nationalités opprimées, de l'Italie par exemple.

En 1830, M. de Metternich tenait à l'ambassadeur de France, devant une nombreuse assemblée, ces insolentes paroles :

« Jusqu'ici nous avons toléré que la France mît en avant
« le principe de non-intervention ; mais il est temps qu'elle
« sache que nous ne le reconnaissons en rien de ce qui
« touche l'Italie. Nous porterons nos armes partout où
« s'étendra l'insurrection. Si cela doit amener la guerre, eh
« bien! vienne la guerre. Nous aimons mieux en courir les
« risques que de nous exposer à périr au milieu des soulè-
« vements. »

Le gouvernement de Juillet a fait l'expédition d'Ancône, qui se termina par l'abandon de l'Italie aux mains de l'Autriche.

En 1840, la question d'Orient avait brouillé les cartes. L'Autriche regardant le Piémont comme une avant-garde contre la France, le prince de Schwartzemberg, son envoyé, se présenta au conseil des ministres, et, avec ses manières brutales et insultantes, manifesta la prétention de faire occuper des positions dans le royaume sarde et d'empêcher de rappeler ses réserves sans le consentement de l'Autriche. M. de Villamarina le regarda fixement, et lui répondit que l'on prendrait les ordres du roi et non les siens.

Informé de cette scène, Charles-Albert porta les yeux sur la France, espérant qu'isolée en Europe par suite du système de la paix à tout prix, elle saisirait volontiers la première occasion favorable de reprendre son influence. Un royaume de la Haute-Italie fortement constitué, en affaiblissant l'Autriche, donnait à la France un puissant allié qui la rendait invincible, n'ayant plus à diriger ses efforts que sur le Rhin.

Ces réflexions faites, le roi Charles-Albert envoie à Paris un personnage pour sonder le roi Louis-Philippe sur une coopération directe ou indirecte au mouvement d'indépendance qu'il était prêt à initier.

Louis-Philippe répondit que la politique française ne pouvait se compromettre en des aventures.

Charles-Albert maintient avec fermeté une neutralité armée, que force fut bien à l'Autriche d'accepter.

La question d'Orient s'arrangea *sans la France*, qui ne rentra dans le concert européen qu'un an après.

En est-il de même aujourd'hui dans la question de Syrie ?

Consultez cette magnifique dépêche où, suivant votre expression, le ministre expose si clairement aux Chambres, et j'ajouterai à l'Europe, les volontés du cousin de S. A. I. le prince Napoléon.

Laissons donc la politique française de cette époque qui n'offre aucun intérêt à l'histoire de l'Italie...

Un mot sur la clémence et la générosité du gouvernement de Juillet.

Selon moi, la clémence est le plus beau privilége comme le plus formel indice de la force d'un gouvernement.

D'après ce :

La duchesse de Berry, achetée 200,000 francs à un juif, devait être transportée sur une frégate française aux bains de mer de Castellamare, climat et traitement indiqués pour donner le calme aux têtes chaudes et exaltées !

Le prince Louis-Napoléon, dans le cas où l'on jugeât à propos de le tenir quelque temps en retraite, uniquement pour favoriser ses études sur la prospérité et la grandeur des nations, devait obtenir la permission d'aller fermer les yeux à son père. Au moment où il se fût présenté à la frontière pour faire honneur à la parole donnée, un ordre d'élargissement devait lui enjoindre d'aller continuer ses méditations à l'étranger.

Subsidiairement, le sommeil du conseil fédéral suisse ne devait jamais être troublé par les notes diplomatiques françaises, dont l'insistance força le prince Louis-Napoléon à s'éloigner du sol hospitalier de l'Helvétie.

La brochure publiée par S. A. R. Mgr le prince de Joinville est restée comme un monument de la situation de la marine sous le gouvernement de Juillet.

L'armée française a existé avant le gouvernement de Juillet. J'ai entendu souvent contester qu'elle eût obtenu sous ce gouvernement la considération et les avantages qui lui étaient dus comme une juste récompense de ses loyaux services envers l'État.

Une petite anecdote.

Il y a quelque temps, je voyais conduire un vieux chef d'escadron de l'Empire à sa dernière demeure.

Le vieux brave appartenait à une famille justement honorée et respectée dans la ville. Le journal de l'arrondissement nous donne sa biographie, nous relate ses services nombreux, ses actes de bravoure. Les citations, propositions de récompense et d'avancement n'y font point défaut. Et malgré cela, je suis étonné de le voir parcourir une si mince carrière et se retirer avant l'âge. Le journal fit bientôt cesser mon étonnement; je cite textuellement :

« Une place de lieutenant-colonel était venue à vaquer
« dans son régiment, il fut demandé et proposé pour rem-
« placer cette vacance, et son avenir sembla dès lors se re-
« construire.

« Mais, une visite faite en 1836 à une femme exilée (la
« reine Hortense), appela sur lui la méfiance du gouverne-
« ment, et désormais il n'y eut plus d'avancement pour celui
« qui avait été saluer une reine déchue, jadis si bienveillante
« pour lui !

« Pourtant, on aurait dû savoir que s'il avait la religion
« du malheur et de la reconnaissance, il avait avant tout la
« religion de l'honneur et celle du serment ! »

Nous voici enfin parvenus à la politique impériale.

On ne peut compter, dites-vous, sur les promesses de la dynastie impériale.

Si je consulte Abd-el-Kader, il est d'un avis tout différent ; il me soutiendra que le gouvernement impérial, non-seulement maintient ses promesses, mais est assez généreux pour acquitter celles des autres gouvernements.

L'Empereur a dit : « L'Empire, c'est la paix ! » mais il n'a pas ajouté : *à tout prix*. Voilà la réponse.

Il a fait la guerre de Crimée pour empêcher la Russie d'aller à Constantinople et faire respecter des traités que la Sainte-Alliance déchirait continuellement sous les yeux de la France et contre ses intérêts.

Il a fait la guerre de Lombardie pour empêcher que l'Autriche ne domine jusque sur les Alpes, et montrer que la France est maintenant assez forte pour protéger de son drapeau la cause de la justice et de l'humanité.

L'Empereur a déchiré les traités de 1815, et il a bien fait, car ces fatals traités, trop longtemps subis par la France, qu'ils étaient destinés à écraser et à humilier, ne sont-ils pas la source de toutes les guerres, de toutes les révolutions et convulsions européennes ?

L'Empereur les a déchirés précisément parce qu'il a dit : « L'Empire, c'est la paix ! » et que jamais une paix durable ne pourra exister en Europe avec les traités de 1815.

L'Italie devait être libre depuis les Alpes jusqu'à l'Adriatique, et Venise est encore à l'Autriche.

Combien de temps cette dernière province peut-elle encore rester à l'Autriche, après la reconnaissance du royaume d'Italie et l'accroissement de la force et de la puissance de ce nouvel État ?

Les États du Souverain-Pontife devaient être respectés. Pouvait-on croire que le gouvernement romain, méprisant de sages conseils, se mettrait du côté de l'Autriche, refuserait toute réforme et froisserait ainsi le sentiment national des Italiens ? que les Romagnes seraient abandonnées par l'Autriche, malgré une convention formelle ?

Les ducs pouvaient rentrer si les populations y consentaient. La diplomatie française a multiplié ses efforts pour parvenir à ce résultat ; mais ils se sont brisés contre la résistance inébranlable de l'opinion.

En Italie, on ne veut plus des Autrichiens ni de leurs hommes d'affaires, et l'on a raison.

Je le répète, la guerre d'Italie était une guerre d'indépendance nationale. Si les souverains voulaient rester sur leurs trônes, il fallait qu'ils abandonnassent l'Autriche, pour suivre les aspirations nationales des populations. Ils ne l'ont pas fait, ils en ont subi les conséquences.

Par la sagesse et la fermeté de sa politique, l'Empereur a remis la France à la tête des nations, il s'est attiré la reconnaissance éternelle de l'Italie, de cette nation constamment opprimée depuis des siècles. Par la constitution du royaume d'Italie, maintenant la France a un allié d'autant plus puissant que sa puissance est basée sur une communauté de principes et l'accord réciproque des populations avec leurs souverains.

Et nous autres, annexés à la France par cette politique mémorable, nous y avons applaudi dans notre vote ; car, c'est la France honorée et respectée à l'extérieur, libérale et prospère à l'intérieur, la France de 1789 et de 1852, que nous avons désirée, la France, alliée de notre ancien et bien aimée souverain, protectrice de la juste cause que nous avons défendue. Voilà ce que nous avons applaudi, voilà ce qui dans nos cœurs assure à la dynastie impériale la légitime succession de nos vieux sentiments d'amour et de fidélité envers nos souverains.

Sans vouloir faire ici le courtisan, ce qui est tout à fait antipathique à mon caractère, je ne puis m'empêcher de vous faire encore une observation.

Vous craignez que l'on ne diminue la taille du demi-Dieu, en enveloppant sa famille dans son auréole.

Personne, dans la dynastie napoléonienne, n'a manifesté la prétention d'égaler l'empereur Napoléon Ier. Toutefois, la famille impériale a compté des personnages honorables et méritants. Le roi Jérôme, par exemple, n'était pas un militaire médiocre. Lucien n'était pas dépourvu de connaissances législatives.

Louis, roi de Hollande, passait pour posséder de précieuses qualités comme souverain.

Je n'ai plus rien à ajouter sur le prince Napoléon.

Si votre allusion est destinée à remonter jusqu'à l'Empereur actuel, l'Europe et la France sont là pour vous répondre.

J'ai entendu souvent discuter les mérites de Napoléon Ier et de Napoléon III, et je puis vous assurer que ce dernier n'a pas à se plaindre de la part qui lui a été faite, principalement sous le rapport de la partie économique et du talent politique.

Il est une qualité surtout, bien nécessaire pour gouverner les nations, pour constituer un homme politique ; c'est la patience, à cet égard, notre auguste souverain a fait ses preuves. Les cabinets de Londres et de Rome surtout, et à l'intérieur des mandements-brochures d'une charité évangélique plus que contestable, peuvent être invoqués en témoignage de mon assertion.

Il serait superflu de parler de la clémence de l'Empereur. J'ai parfois entendu lui en faire l'honorable reproche.

En fait de générosité, quelle est sa conduite envers les anciens partis ? Sans chercher plus loin n'avons-nous pas vu dans l'annexion de la Savoie, le parti clérical, le parti du droit divin, ne pas trop se retrancher derrière les grands principes et daigner se laisser largement inscrire sur la feuille aux bénéfices !!!

Lorsque votre digne neveu, M. le duc de Chartres, dut faire ses premières études militaires, le gouvernement français, dont l'alliance était pourtant si recherchée à Turin, se préoccupa-t-il un seul instant de voir ce jeune prince entrer dans l'armée sarde ?

Je dis plus ; dans la campagne d'Italie, j'ai vu des officiers de toutes armes et même attachés à la personne de l'Empereur, saluer respectueusement le duc de Chartres, alors sous-lieutenant de Nice-cavalerie.

Lorsque les princes d'Orléans voyageaient à l'étranger, n'ont-ils pas reçu des visites où des marques de respect et de courtoisie de la part d'officiers-généraux ? l'Empereur s'en est-il ému ?

Croyez-vous, Monseigneur, que des officiers annexés, anciens camarades ou supérieurs de Monseigneur le duc de Chartres, manqueraient l'occasion de se procurer l'honneur de faire une visite à ce noble et intéressant jeune homme, que la cavalerie italienne regarde à juste titre comme le modèle à proposer à tous ses jeunes officiers ?

Croyez-vous qu'une de ces visites pourrait nuire à leur avancement ? Devront-ils se souvenir du vieux chef d'escadron de l'Empire dont je vous entretenais il y a quelques instants ? Aucun d'eux, j'en suis persuadé, ne songerait à se préoccuper de si puériles appréhensions. Celui qui est passé maître dans l'art de gouverner les nations, est assez fort pour être généreux, pour apprécier à leur juste valeur les sentiments de la délicatesse et du cœur.

Ma tâche est terminée, Monseigneur ; à votre sens, bien des violences heureuses ont eu lieu depuis quelque temps. A mon sens, elles ont été le fruit d'une quantité de violences malheureuses qui ont trop longtemps affligé l'humanité, et troublé le repos de l'Europe. Une heureuse violence vient de permettre à une nation si longtemps opprimée de secouer la servitude de l'étranger, et de faire, comme vous le dites, ses affaires elle-même. Le royaume d'Italie, proclamé par les Italiens, vient d'être reconnu par la France, et le sera bientôt par les puissances amies de la tranquillité et du bonheur des peuples. D'autres réparations viendront ensuite, il faut l'espérer, rassurer les esprits, consolider la prospérité publique, fonder une paix durable.

Croyez-le bien, Monseigneur, il est encore une violence heureuse, seule capable de produire des résultats si désirés ; cette violence est d'autant plus méritoire qu'elle est plus rare, qu'elle est l'apanage exclusif des hommes d'élite et qu'il appartient aux grands citoyens seuls d'en donner l'exemple. Elle s'exerce par les chefs des partis et les grandeurs déchues, sur leurs passions politiques, les conduit au noble sacrifice de leurs ressentiments sur l'autel de la patrie. Elle leur assure pour récompense, l'estime de leurs concitoyens, la reconnaissance du pays et l'admiration des générations futures!

FIN.